FUTUROS DEL INDICE BURSATIL

Conoce, opera y gana con el Futuro del Índice de Precios y Cotizaciones de la Bolsa Mexicana de Valores

FUTUROS DEL INDICE BURSATIL

Conoce, opera y gana con el Futuro del Índice de Precios y Cotizaciones de la Bolsa Mexicana de Valores

Joaquín Alducin

2015

*Para quienes quieren salir
de los moldes tradicionales*

ÍNDICE

PROLOGO 1

1. Los Contratos De Futuros Sobre Indices Accionarios 5

   1.1 Antecedentes del Mercado Mexicano de Derivados
      (Mexder) 7

2. El índice de precios y cotizaciones de la bolsa mexicana
   de valores 9

3. Características Del Contrato De Futuro Del IPC 11

   3.1 Elementos de la Operación del Futuro del IPC en Bolsa 16

   3.2 Costos De Transaccion, Viaje Sencillo Y Viaje Redondo 18

   3.3 Entendiendo La Operación De Futuros En Bolsa Y Sus
      Participantes 20

   3.4 Formadores de Mercado o "Market Makers" 24

   3.5 Volumen operado e Interés abierto 25

   3.6 Vencimiento del Contrato y Rollover 26

   3.7 Posturas automáticas, robots y HFT 29

4. Usos de los Futuros de Indices 31

   4.1 Arbitraje entre el Futuro del IPC, el Naftrac y los
      componentes del IPC 33

   4.2 Creación de Portafolios sintéticos, con velocidad,
      diversificación y bajo costo 35

4.3 Utilizando Futuros para cobertura de Portafolios 37

4.4 Utilizando futuros para incrementar o disminuir la Beta de un portafolio 40

4.5 Indexación eficiente de bajo costo y generación de "Alpha" 44

5. Valuación de los Futuros de Índices Accionarios 45

ANEXO I Acciones Que Componen laMuestra del IPC 50

ANEXO II Glosario Financiero para Futuros....................................... 51

BIBLIOGRAFIA 68

PROLOGO

Llegué caminando al edificio de la Bolsa Mexicana de Valores en el #255 del Paseo de la Reforma, no fue un recorrido largo pues mi oficina estaba a unas cuantas cuadras en la esquina de Reforma con Gral. Prim. Después del registro de rigor en la recepción del Centro Bursátil me dirigí hacia las escaleras eléctricas que conducen al Mezzanine directamente enfrente de la puerta de la entrada. Al término del trayecto de las escaleras, inmediatamente estaba ubicada la entrada al nuevo salón de remates del Mercado Mexicano de Derivados. Este era un día muy importante, el salón y los alrededores del corredor que conduce hacia el Auditorio Bursátil y lo que fue la entrada del piso de remates estaban abarrotados de gente, prácticamente no se podía pasar sino con mucho esfuerzo y a empujones literalmente. Entre la multitud había de todo, algunos eran invitados de la Bolsa, otros eran autoridades, también había funcionarios de bancos, casas de bolsa y otros intermediarios financieros, por supuesto que había prensa, fotógrafos y reporteros, creo que también podían contarse algunos representantes de instituciones de educación superior, altos funcionarios de la Bolsa, de Mexder y Asigna; teniendo como invitado de honor a el Ing. Guillermo Güemez García, entonces subgobernador del Banco de México.

Después de los discursos iniciales, llegó el momento esperado, tras las palabras inaugurales vino el replicar de la campanilla, así llegó el esperado momento, el inicio de operaciones del contrato de Futuro del IPC; siguieron los aplausos y las felicitaciones, el silencio se transformó en una exclamación colectiva de júbilo, muy pronto el salón se llenó de ruido, aumentaron los decibeles y durante unos minutos más continuaron los abrazos y los comentarios favorables que se hacían unos a otros.

Una vez concluida la fase inaugural y conforme lo previsto, el salón de remates del Mexder comenzó a desalojarse por parte de los visitantes y los invitados. Unos minutos más tarde, sólo quedábamos en el salón, los operadores y algunos funcionarios de las instituciones financieras con autorización para operar en el mercado.

El futuro del dólar, que fue el primer contrato listado en Mexder, retomó su habitual ritmo de operaciones, con los operadores agolpados en el corro. De igual modo, los operadores con interés en participar en el futuro del IPC se dirigieron a su respectivo corro y comenzó la tradicional negociación entre compradores y vendedores, ligeros regateos iniciales, las posturas podían ser escuchadas con facilidad, el mercado operaba bajo el mecanismo de "viva voz" y como en cualquier piso de remates, las voces, los gritos, las posturas de compra y venta, los murmullos, los timbres de teléfonos y un millón de sonidos de diferente naturaleza se hicieron presentes por todos lados.

Esta obra pretende ser un material informativo, con fuerte sesgo didáctico principalmente, buscando como objetivo el difundir el conocimiento sobre la naturaleza y características de la operación y los contratos de futuros referidos al Indice de Precios y Cotizaciones. No es un libro que hable sobre estrategias y técnicas de negociación y operación ("trading") de futuros; no es mi intención desarrollar un documento con fórmulas para hacerse rico con la operación de futuros. Si bien me hubiera gustado desarrollar algunos capítulos que profundizaran sobre algunas ideas de inversión, oportunidades del mercado y como aprovechar las múltiples ventajas que tiene la operación de futuros listados, considero que es más importante empezar por la descripción del producto, sus elementos y componentes, como quien dice por los cimientos y siempre habrá oportunidad de hacer un segundo volumen para desarrollar estas ideas.

En el primer apartado del libro, desarrollo una introducción sobre los contratos de futuros sobre índices y el correspondiente antecedente del Mercado Mexicano, situando el contexto histórico en el que se desarrollaron los primeros contratos de esta índole en Chicago y los primeros instrumentos derivados financieros de nuestro país.

En el segundo punto, el lector encontrará una descripción sobre el Índice de Precios y Cotizaciones de la Bolsa Mexicana de Valores (IPC) a fin de que esta información pueda dar paso al apartado tres que se refiere a las características y descripción de los contratos de futuros sobre el IPC. En este punto tres quise ampliar la descripción de las características del contrato que cualquier persona puede encontrar si se dirige a la página del Mexder y abre las "Condiciones Generales de Contratación del Futuro del IPC", probablemente este apartado es el más descriptivo del libro, con explicación sobre los elementos, participantes y características de la operación.

En el numeral cuatro, desarrollé los contenidos que tienen el enfoque de mayor utilidad para los lectores, inversionistas y usuarios de los contratos de futuros, con la intención de describir situaciones reales y prácticas en la que los futuros del Índice Accionario son una herramienta sumamente útil para la construcción de portafolios de inversión y para la cobertura de riesgos de mercado. Considero que este apartado es la sección en la que se desarrollan los conceptos que tienen mayor complejidad numérica y que requiere mayor conocimiento de las finanzas, además es la sección más ambiciosa de este libro pues pretende atrapar a todo tipo de inversionistas y manejadores profesionales de fondos, señalando algunas de las múltiples ventajas que tienen los contratos de futuros y quizá en forma un poco intencional quiero empujar a la fuerza la idea de que cualquier cartera debería contemplar la utilización de futuros con algún propósito, pues a mi juicio, no es concebible que en esta época moderna que profesionales en inversiones no conozcan la operación de los futuros del índice.

La quinta sección tiene el mayor peso didáctico que describe las metodologías de valuación de los futuros del índice apoyando el desarrollo en el principio de "no arbitraje" y en la valuación a partir de los componentes y activos que son buenos sustitutos del índice.

Por último quise agregar la muestra del IPC vigente al momento de la publicación de esta obra y agregué un anexo con un glosario de los principales términos y definiciones que se encuentran en la operación de estos instrumentos. Seguramente me faltaron algunos términos, pero estoy seguro de que la mayoría de los términos habituales si están descritos.

Espero que quien lea esta obra la encuentre de utilidad y cumpla con su propósito de difundir el conocimiento sobre un instrumento financiero que considero es una de las joyas que tiene esta industria.

La dificultad radica no tanto en el desarrollo de nuevas ideas como escapar de las viejas ideas.
—John Maynard Keynes

1. Los Contratos De Futuros Sobre Indices Accionarios

Los contratos sobre índices accionarios, constituyen uno de los más tradicionales tipos de productos derivados y como corresponde a estos instrumentos, son productos financieros cuyo precio está vinculado al precio de otro bien conocido como bien subyacente, que en estos casos será el índice al que representan.

Los futuros sobre índices accionarios son un instrumento financiero bastante joven en la historia de los mercados financieros mundiales. Fue en el año de 1982 cuando la Bolsa de Futuros de Chicago, el "Chicago Mercantile Exchange" hizo el lanzamiento del primer contrato de futuros sobre el índice S&P 500, ese mismo año la Bolsa de Futuros de NuevaYork lanzó el NYSE Composite Index y la Bolsa de Kansas, Kansas Board of Trade, listó el contrato de futuros Value Line [1]. A partir de este momento siguieron otros lanzamientos de futuros de índices a nivel mundial, hasta que en 1999 tocó el turno al Mercado Mexicano de Derivados, Mexder, para el lanzamiento del futuro del IPC[2].

---

[1] **Historical Research: Inventing Financial Futures, How new financial markets emerged from turmoil in the early 1970s.** By Kenneth Silber, Published in the 11/1/2009 Issue of Research Magazine

[2] www.mexder.com.mx

A diferencia de otros tipos de contratos de futuros en los cuales a su vencimiento el comprador del futuro adquiere el bien subyacente y el vendedor lo entrega, los futuros de índices en su momento representaron una gran innovación financiera pues su liquidación o "settlement" no se hace con la entrega física (pues el índice no existe) sino con la entrega en efectivo o "cash settlement", de las diferencias entre el precio pactado y el precio de liquidación del futuro que coincide con el valor del índice en su fecha de vencimiento.

Entendido el concepto de la liquidación en efectivo, se puede formular una definición sobre este tipo de contratos como: "los futuros de índices accionarios son instrumentos financieros en los cuales una de las partes, el comprador se compromete a pagar al vendedor, en la fecha de vencimiento del contrato, el valor pactado del índice accionario, mientras que el vendedor se compromete a su vez a entregar al comprador el valor a vencimiento del índice de referencia"..

1.1 Antecedentes del Mercado Mexicano de Derivados (Mexder)

El Mexder, es el nombre del Mercado Mexicano de Derivados, empresa hermana de la Bolsa Mexicana de Valores que inició operaciones en 1998 con el lanzamiento del primer contrato de futuros listados en México.

Con anterioridad al lanzamiento del Mexder, en México de 1978 hasta 1982, fueron negociados contratos de futuro sobre la paridad cambiaria del peso frente al dólar. Del mismo modo en la década de los 70´s se introdujeron al mercado instrumentos financieros derivados, como es el caso de los famosos Petrobonos, que nacieron en 1977 y los pagarés indizados al tipo de cambio. En 1987 se operó un mercado de "coberturas cambiarias de corto plazo", donde los participantes podían pactar un nivel de tipo de cambio a una fecha futura, similar a lo que actualmente es un contrato "forward" o "adelantado" sobre el tipo de cambio.

Fue en 1994 cuando la Bolsa Mexicana de Valores y la S.D. Indeval sentaron las primeras bases para la creación de un mercado de derivados listados, la Bolsa de Derivados. La BMV financió el proyecto originalmente y la SD Indeval se encargó de liderar los trabajos necesarios para la creación de la Cámara de Compensación que se conoce como Asigna.

Fue así que después de algunos años de intenso trabajo con la participación de autoridades, participantes, bancos, Casas de Bolsa e intermediarios Independientes, en 1998 se constituyó el MexDer, Mercado Mexicano de Derivados, S.A. de C.V. iniciando operaciones el 15 de diciembre de 1998 al listar los contratos de Futuro sobre el dólar en una primera instancia y el segundo contrato en listarse fue el Futuro del IPC (Índice de Precios y Cotizaciones de la BMV).[3]

---

[3] www.mexder.com.mx

2. El índice de precios y cotizaciones de la bolsa mexicana de valores

El Índice de Precios y Cotizaciones (IPC) es el principal indicador de Mercado Mexicano de Valores. Es un indicador que expresa el rendimiento del mercado accionario en función de las variaciones de precios de una muestra balanceada, ponderada y representativa del conjunto de Emisoras cotizadas en la Bolsa, basado en las mejores prácticas internacionales.

El Índice de Precios y Cotizaciones (IPC), con base octubre de 1978, tiene como principal objetivo, constituirse como un indicador representativo del Mercado Mexicano para servir como referencia y subyacente de productos financieros.

La metodología para construir y calcular el IPC está determinada por un órgano colegiado que es el Comité Técnico de Metodologías, que busca garantizar que el cálculo del índice sea lo suficientemente robusto y representativo del Mercado Mexicano.

La muestra de las emisoras que componen el IPC puede ser consultada en la página de la propia Bolsa Mexicana de valores, de igual modo que está publicada una nota técnica sobre la metodología de cálculo.

El índice IPC se construye a partir de una muestra de 35 emisoras, donde se selecciona la serie más bursátil de cada una de ellas y se incluye solo una serie por emisora. La selección para que una emisora integre la muestra del índice obedece a los criterios establecidos para tal efecto por la BMV.

Para evitar concentraciones en los pesos relativos de los componentes del IPC, y siguiendo las mejores prácticas internacionales, el peso máximo que una serie accionaria puede tener al inicio de la vigencia de la muestra es de 25%. De igual forma, las 5 series accionarias más grandes de la muestra, no podrán tener un peso relativo en conjunto de más del 60%.

Revisión y Permanencia de la Muestra La revisión de las Emisoras que forman parte de la muestra del IPC se realizará una vez al año, en el mes de agosto, con datos al cierre del mes de julio, y entrará en vigor el primer día hábil del mes de septiembre.

Con el propósito de que el Índice represente lo mejor posible el comportamiento del mercado, y al mismo tiempo mantenga una alta replicabilidad, los pesos relativos de las series accionarias dentro de la muestra serán rebalanceados de manera trimestral durante el periodo de vigencia, es decir, en los meses de diciembre, marzo y junio, posteriores a la revisión

La metodología, diseño de muestra, etc. Para el IPC es producto del trabajo del llamado Comité Técnico de Metodologías que es un órgano de apoyo para llevar a cabo la administración técnica y operativa de los índices de la Bolsa Mexicana de Valores.

3. Características del contrato de futuro del IPC

Las características que tiene el contrato de Futuro del IPC, se encuentran disponibles para su consulta en la página del Mexder en www.mexder.com.mx. El documento con todas las características se conoce con el nombre de "Condiciones Generales de Contratación" y es publicado por el mercado para cada producto listado una vez que ha sido aprobado por la Bolsa y por las autoridades financieras.

A continuación se comentan algunas de las principales características del contrato de futuro del IPC:

1. El valor Nominal (valor "nocional") que ampara un Contrato de Futuro. $10.00 (diez pesos 00/100) multiplicados por el valor del IPC.

   De este modo si el IPC se encuentra en 43,000 puntos su valor monetario será de:

   43,000 x $10.00 = $430,000.00

2. Series: En términos de su Reglamento Interior, MexDer listará y mantendrá disponibles para su negociación, distintas Series del Contrato de Futuro del IPC sobre una base trimestral, lo que significa que de manera permanente estarán disponibles para su negociación Contratos de Futuro con Fechas de Vencimiento en los meses de marzo, junio, septiembre y diciembre.

En caso que el Mercado demande la disponibilidad de Contratos de Futuro del IPC con Fechas de Vencimiento distintas a las señaladas en el párrafo anterior, MexDer podrá listar nuevas Series para su negociación.

No es una regla escrita, pero la serie con mayor liquidez, mayor volumen negociado diariamente y donde hay más participantes, es en la serie más próxima a su vencimiento, de este modo, en los meses de enero, febrero y los primeros días de marzo, el futuro más líquido será aquel con vencimiento a marzo. De igual modo en los meses de abril, mayo y primeros días de junio será el futuro de junio y así sucesivamente.

3. Unidad de cotización. La celebración de Contratos en MexDer tendrá como unidad de cotización del Precio Futuro al valor absoluto del IPC.

   Esto quiere decir que en las pantallas de negociación, el precio del futuro se expresará siempre en términos de puntos al igual que se publica el IPC.

   De este modo en una pantalla de negociación observaremos las posturas como se muestran a continuación:

Compra (Bid)	Venta (Ask)
43,100	43,125

   Se pretende así que la unidad de cotización del futuro del IPC sea igual a la cotización del indicador, aun cuando en términos monetarios hay que recordar que el tamaño del contrato será la cotización en puntos multiplicada por $10 pesos.

4. Puja. La presentación de Posturas para la celebración de Contratos de Futuro se reflejará en fluctuaciones mínimas del Precio Futuro de 5 (cinco) puntos del IPC.

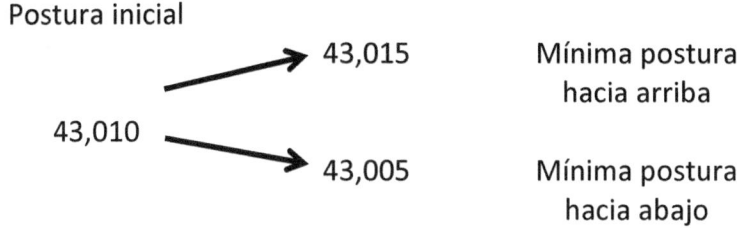

Postura inicial

43,015 — Mínima postura hacia arriba

43,010

43,005 — Mínima postura hacia abajo

La Puja que se utilizará para redondear el cálculo de Precios de Liquidación Diaria y al Vencimiento será de 1 (un) punto del IPC. De este modo es común que el precio de "cierre" o de liquidación al vencimiento del contrato de futuro esté en unidades y no en múltiplos de 5.

5. Valor de la Puja por Contrato de Futuro. El valor del cambio de una Puja en el Precio Futuro de un Contrato es de \$50.00 pesos, el cual resulta de multiplicar una Puja 5.00 (cinco puntos del IPC) por el valor de un punto del IPC (10.00 pesos)

6. El horario de negociación de los Contratos de Futuro sobre IPC, será en Días Hábiles de las 7:30 horas a las 15:00 horas tiempo de la Ciudad de México, Distrito Federal, aunque MexDer podrá establecer algún horario distinto. El período de 7:30 a 8:30 se conoce como "Período de preapertura" y cuando hay posturas y operación en eses horario, estas sirven para dar información al mercado sobre el inicio de la sesión.

7. Horario de negociación a Precio de Liquidación Diaria: Es posible realizar operaciones una vez que ya cerró el mercado, estas operaciones se conocen como operaciones a "Precio de Liquidación"

El Precio de Liquidación Diaria será calculado por MexDer al cierre de cada sesión de negociación y permitirá la negociación de Contratos de Futuro de IPC, a través de la formulación de Posturas en firme al Precio de Liquidación Diaria por parte de los Socios Liquidadores y Operadores.

El periodo en el que MexDer recibirá Posturas en firme para negociar a la Tasa de Liquidación Diaria será de 15:20 a 15:30 horas.

Cuando algún participante, una vez cerrado el mercado pretenda comprar o vender alguna cantidad de contratos de futuro, podrá comunicarse con su operador y solicitarle que lleve al mercado una postura en firme de compra o de venta por un cierto número de contratos. Si en el mercado existiera algún participante que desee realizar la operación contraria y surtir la postura, entonces el Mexder recibirá ambas posturas y reconocerá la operación.

8. Último día de negociación y Fecha de Vencimiento de la Serie. El último día de negociación y la Fecha de Vencimiento de una Serie del Contrato de Futuro del IPC será el tercer viernes del mes de vencimiento o el Día Hábil anterior, si dicho viernes es inhábil.

Actualmente son viernes de vencimiento, el tercer viernes de marzo, junio, septiembre y diciembre.

Este vencimiento coincide con la mayoría de los vencimientos de futuros y opciones en otros mercados a nivel mundial y se le conoce como el "viernes de brujas" traducido del término utilizado en inglés que es "triple witching".

Fecha de Liquidación al Vencimiento. Para efectos del cumplimiento de las obligaciones a cargo de la Cámara de Compensación y del Socio Liquidador con respecto al Cliente, es el Día Hábil posterior a la Fecha de Vencimiento.

9. Precio de liquidación diaria:
Mexder tiene una metodología para calcular el precio de liquidación del contrato del futuro del IPC en cada uno de sus plazos. Esta metodología puede encontrarse en la página web del Mexder y reconoce diferentes criterios para la determinación del precio al que será valuado el contrato al cierre del día.

En el contrato con vencimiento más cercano y siendo este un contrato bastante líquido con muchos participantes, en la gran mayoría de las sesiones, la metodología aplicable para el cálculo del precio de liquidación es la del cálculo del promedio ponderado de los precios a los que operó el contrato de futuro durante los últimos 5 minutos de la sesión. Una vez hecho este cálculo la Bolsa publica el precio de cierre o de liquidación para ese día y este precio puede estar en unidades pues en este caso no se utiliza el concepto de puja.

"Las cosas siempre se vuelven evidentes después del hecho"
–Nassim Nicholas Taleb

3.1 Elementos de la Operación del Futuro del IPC en Bolsa

Todo participante o inversionista que quiera comprar o vender futuros en la Bolsa de Derivados (Mexder) deberá abrir una cuenta, lo cual consiste básicamente en la apertura o firma de un contrato de intermediación con un "Operador" de Mexder y adicionalmente suscribir un convenio de Adhesión con un solio "Liquidador". En la página del Mexder se pueden consultar aquellos participantes que actúan como Operadores y Liquidadores.

Las figuras de Liquidador y de Operador, son diferentes en términos de las funciones que realizan en el mercado. El operador será quien reciba del cliente las instrucciones de compra y venta en bolsa. El operador ejecuta órdenes de los clientes inversionistas y las envía a la bolsa.

Por su parte el liquidador, administra los recursos del inversionista, lleva el control de los movimientos de instrumentos y el efectivo de la cuenta, incluyendo lo relativo a las aportaciones de garantías y márgenes colaterales. De acuerdo a las disposiciones legales vigentes, el liquidador emite estados de cuenta y confirmaciones.

El liquidador de Mexder está constituido como un fideicomiso que a su vez se adhiere a la cámara de compensación, que es la institución garante de las operaciones que son gestionadas en el mercado de derivados.

Para que un participante opere bien sea comprando o vendiendo un futuros listado en bolsa deberá primero aportar garantías colaterales al fideicomiso del liquidador, quien a su vez transmitirá a la cámara las garantías correspondientes.

Para explicar correctamente los términos que se utilizan en el mercado, se distinguen dos tipos de aportaciones de garantías, por una parte está la garantía que administra la Cámara de compensación que en México se conoce con el nombre de "Aportación Inicial Mínima". Esta aportación es la mínima que deberá aportar el participante en el mercado.

La "Aportación Inicial Mínima" o AIM puede constituirse con efectivo o con valores (como acciones y bonos) y es la Cámara la que determina qué tipo de valores acepta como garantías y que proporción de los mismos se requieren para cubrir las operaciones.

Existe una aportación de colateral adicional que el liquidador puede solicitar a los participantes y que recibe el nombre de Excedente de Aportación Inicial Mínima y consiste en una aportación adicional para salvaguardar el cumplimiento de obligaciones de los participantes.

La cámara determina el valor de la AIM en función del riesgo que percibe en los contratos listados, metodológicamente la Cámara estima el valor de la variación que puede tener un contrato de Futuro del IPC en un día con un nivel de confianza del 99%.

Siendo la AIM la cantidad mínima de garantías que debe de entregar un participante que opere un futuro del IPC, la diferencia entre el valor monetario del futuro del IPC y el valor de la aportación constituye el apalancamiento del contrato de futuro.

> *"No intentes comprar hasta abajo y vender hasta arriba. Esto no puede hacerse salvo por los mentirosos".*
> —Bernard Baruch

3.2 Costos De Transacción, Viaje Sencillo Y Viaje Redondo

Cada participante que realiza operaciones en el mercado deberá cubrir los costos o comisiones que son aplicables.

Por operar un contrato de futuro del IPC, el participante, deberá pagar una comisión al Mexder, una comisión a la Cámara Asigna, así como una comisión respectivamente al operador y al liquidador. El costo de las comisiones que cobran Mexder y Asigna puede ser consultado en sus respectivas páginas web.

Se denomina "viaje sencillo" al costo de operar un contrato de futuros. En el caso del IPC, el costo en pesos es transformado a puntos del índice y comúnmente se expresa en términos de puntos de IPC. Como el tamaño del contrato es equivalente al IPC x $10 la conversión del costo a puntos del índice es muy sencilla. Si el costo total de comisiones fuera de $125 entonces en términos de "puntos" el costo será $125/10= 12.50 puntos.

Se denomina "viaje redondo" (del inglés "round trip") al costo que se cubre por abrir una posición y por cerrarla, entiéndase con esto que se refiere al doble de las comisiones. Los participantes, principalmente los especuladores y "day traders" identifican perfectamente cuantos puntos son lo mínimo que requieren para cubrir sus costos de operar un contrato de futuro del IPC. De este modo, considerando el ejemplo del párrafo anterior, si el costo de operar "viaje sencillo" es de 12.50

puntos, consecuentemente el costo del "round trip" será de 25 puntos (equivalente a $250 pesos por cada contrato operado).

El Mexder tiene establecida una tabla de descuentos sobre su costo y que está en función del volumen operado, de modo que quienes más operan pagan costos menores.

"El inversionista común no está ni bien ni mal porque otros estuvieron de acuerdo o en desacuerdo con él; tiene razón porque sus datos y el análisis son correctos."
−Benjamin Graham,
The Intelligent Investor

3.3 Entendiendo La Operación De Futuros En Bolsa Y Sus Participantes

Cualquier participante con una cuenta abierta podrá solicitar a su Operador una operación de compra o venta de un futuro de IPC lo que se conoce como luna "orden" la cual puede ser Orden de compra o bien orden de venta.

El mercado donde se negocian los futuros del IPC es totalmente electrónico, como la mayoría de los mercados de futuros en el mundo.

Las instrucciones de compra o venta deberán ser recibidas por el operador y enviadas a la bolsa mediante el sistema de envío de órdenes que utilice el operador, lo que se conoce con el término "ruteo de órdenes".

Hablando de órdenes, un libro tradicional de operación en bolsa, diferenciaría las órdenes de los participantes en dos categorías, como órdenes limitadas y órdenes "a mercado". Esta distinción es bastante limitada y el desarrollo de los sistemas de operación y trading actuales permiten contar con un software poderoso que envía órdenes con atributos más complejos y por lo que la exposición no va a ser mucho más extensa. Actualmente los sistemas permiten que las órdenes sean del tipo "todo o nada", "con volumen oculto", una condición activa otra, una condición cancela otra, etc. Todas estas en función del software que se utilice.

En la Bolsa de futuros, al igual que en la Bolsa de Valores los sistemas de información dan a conocer de manera pública aquellas posturas de compra y venta, a estas posturas de les llama "posturas en firme" y se una vez mostradas en los sistemas se dice que la postura está visible en el "corro".

La formación de posturas de compra y venta en los corros, se muestran en función de las mejores posturas primero en términos de precio y también se muestran los volúmenes que se quieren operar. Las posturas por precio y volumen se colocan en los corros respetando el principio de primero en tiempo primero en derecho, de este modo a un mismo precio, las posturas que se operan primero son las más antiguas.

La diferencia entre el precio de la mejor postura compradora y la mejor postura vendedora se conoce como "Bis Ask Spread", como cualquier mercado, mientras mayor sea el número de participantes, menor será el spread entre la compra y menta y esto se traduce en mayor liquidez y facilidad para comprar y vender futuros a "buenos precios".

Volumen de compra	Precio de compra	Precio de venta	Volumen de venta
10	44,605	44,635	22

El spread mínimo entre compra y venta, es el tamaño de la "puja", esto es actualmente de 5 puntos y en un día normal, se acostumbra que el spread visible sea de 3 a 6 pujas (15 a 30 puntos de distancia entre las posturas de compra y venta). Normalmente como sucede en la mayoría de los mercados de futuros, el spread es menor y la liquidez es mayor en los contratos más próximos a su vencimiento mientras que esta liquidez se deteriora en los contratos más lejanos.

En el caso del futuro del IPC, se tienen listados cuatro contratos en forma simultánea con vencimientos cada tres meses o ciclo trimestral, los vencimientos están en marzo, junio, septiembre y diciembre.

La profundidad, es el término con el que se denomina a la formación de posturas en los tableros o corros. La mayoría de los sistemas de información muestran al menos una profundidad de hasta 5 posturas de compra y de venta atrás de las mejores posturas. Como se muestra en la gráfica siguiente:

Volumen de compra	Precio de compra	Precio de venta	Volumen de venta
10	44,605	44,635	22
3	44,600	44,640	10
14	44,585	44.655	14
6	44,570	44.680	33
7	44,560	44,695	15

Las órdenes de compra o venta pueden "pegar" a varias posturas lo que se conoce como "barrer" los corros.

La profundidad del mercado es un indicador importante para los participantes en el mercado pues ayuda a distinguir de qué lado está el volumen, ayuda a identificar mayoría de compradores o de vendedores y en su caso también nos permite identificar cuantos contratos se pueden operar con facilidad en un mismo memento. Un mercado sin profundidad, es un mercado ilíquido y escaso de participantes.

A diferencia de las posturas y profundidad que se observan en la Bolsa Mexicana de Valores, en el Mercado de Futuros, no se conoce el nombre de la Casa de Bolsa que envió la postura. Esto obedece a que el Mercado de Derivados se considera un mercado anónimo y donde los participantes operan contra la Cámara de compensación, de modo que no es necesario conocer el nombre de quien envió la postura.

3.4 Formadores de Mercado o "Market Makers"

Hay Operadores que obtienen una aprobación por parte de Mexder para como Formadores de Mercado.

Los Formadores de Mercado, firman con Mexder los Términos y Condiciones de Liquidez correspondientes a los contratos de futuro que quieran operar, en los que se comprometen a operar un volumen mínimo mensual y a mantener en forma permanente y por cuenta propia, cotizaciones de compra y venta (con un spread máximo, monto mínimo y en un cierto número de vencimientos).

La existencia de los Formadores de Mercado ayuda a mantener mejores niveles de liquidez que los que se observarían en caso de que esta figura no existiera. El formador de Mercado ayuda a la correcta formación de precios y ayuda a que aumente el volumen operado pues si los participantes en un mercado encuentran que pueden entrar y salir con facilidad, entonces tendrán mayor incentivo para incrementar su operatividad.

El formador de Mercado además de contribuir con la liquidez del mercado en su conjunto, recibe otros beneficios como es una importante reducción en tarifas y en algunos casos puede llegar incluso a tener una contraprestación por parte de la Bolsa como pago por sus servicios.

"No puedes ver el futuro por el espejo retrovisor"
–Peter Lynch, "Peter's principle #4"

3.5 Volumen operado e Interés abierto:

La operación de contratos de futuros durante el día constituye el "volumen" operado, se puede decir que es el número de contratos que cambiaron de manos durante el día y que fueron registrados como "hechos" por la Bolsa. En el caso del futuro del IPC, el volumen operado ha crecido consistentemente desde su lanzamiento y se puede considerar que en términos de operación bursátil es uno de los instrumentos con mayor intercambio que existen en el sistema financiero mexicano.

El interés abierto, no es lo mismo que el volumen y se refiere al número de contratos de futuros que han sido abiertos por los participantes. En el caso del futuro del IPC al igual que el volumen, el interés abierto crece continuamente. El crecimiento del interés abierto es muy importante pues demuestra que hay más participantes y que las posiciones abiertas son mayores, lo que tarde o temprano se traduce en una mayor liquidez y mayor profundidad.

Para los analistas que estudian el mercado de futuros, el volumen e interés abierto proporcionan muy buena información de mercado. Estos indicadores se publican diariamente por el Mexder y pueden obtenerse del boletín diario de operaciones, desde su página web.

3.6 Vencimiento del Contrato y Rollover:

Como se mencionó el vencimiento de los futuros del IPC corresponde al tercer mes de los meses de marzo, junio, septiembre y diciembre. Cualquier participante podrá mantener una posición vigente hasta su vencimiento y en la fecha de vencimiento el liquidador le entregará o le cobrará en efectivo la diferencia entre el precio pactado al abrir la posición y el precio de cierre o de liquidación que coincide con el último valor del IPC en ese día.

Entendiendo lo comentado en el párrafo anterior, se explica que los participantes no tengan ningún elemento de juicio que les motive a cerrar posiciones antes del vencimiento, como sucede en algunos futuros que tienen liquidación en especie y que por lo mismo obligan a cerrar posiciones o a comprar el bien subyacente a fin de entregarlo por vencimiento de futuros.

No obstante y aunque no sea un motivo de preocupación mantener la posición abierta hasta su vencimiento, existen inversionistas y participantes que quieren mantener sus posiciones abiertas, para ellos el vencimiento del contrato de futuro es un inconveniente. Para estos inversionistas, la acción a seguir para tener un vencimiento y mantener la posición abierta en el subyacente, es la de realizar una operación que se conoce como "rollover". El "rollover" de un futuro puede definirse como la acción en la cual se compra o vende un futuro de vencimiento cercano a cambio de la compra o venta de un futuro de vencimiento más alejado.

El rollover, como se explica debe de ser simultáneo a fin de que no haya riesgo de cambio en el precio, pues cabría la posibilidad en caso de no hacerlo en forma inmediata, por ejemplo que se venda el futuro cercano a un precio determinado y a los pocos instantes, el precio del futuro cercano sea mayor que el nivel original, encareciendo el precio para el comprador.

En términos matemáticos, el precio del rollover, se puede identificar como la diferencia en puntos que existe respecto al futuro de vencimiento lejano y el futuro de vencimiento cercano (sin considerar bid/ask spread):

Futuro lejano; $F_2 = S(1+(R-D)t_2)$

Futuro cercano; $F_1 = S(1+(R-D)t_1)$

Rollover= $F_2 - F_1$

Donde:
F_1 y F_2 son el precio del futuro
S es el nivel spot del IPC
R es la tasa de interés libre de riesgo
D son los dividendos por cobrar en el período de vigencia del futuro
t_1 y t_2 el plazo a vencimiento correspondiente al futuro de
referencia, (*díasporvencer*)/360

Para operar el Rollover, la Bolsa dispone de una línea en la pantalla de negociación donde se cotiza esta operación, se expresa en términos de puntos (donde la puja es de 1 punto). En términos coloquiales la operación de Rollover le llaman "rolo" y se dice que quien quiere comprar el vencimiento cercano y vender el lejano está "comprando el rollo" mientras que quien quiere vender el cercano y comprar el lejano estará "vendiendo el rollo".

Para facilitar la operación, cabe mencionar que el precio de referencia al que se opera el rolo siempre tiene como base el precio del último hecho del futuro más cercano, de modo que los puntos del rolo se suman al nivel del último hecho en el futuro cercano para determinar los niveles a los que se opera.

Posturas en el sistema de negociación

Volumen de compra	Precio de compra	Precio de venta	Volumen de venta
100	123	103	100

No hace falta pues mucha explicación, quien compra el rollo está dispuesto a comprar el vencimiento cercano al último hecho y vender el vencimiento lejano a un nivel 123 puntos por encima de este último. Mientras que quien quiere venderlo desea comprar el vencimiento lejano a un nivel de 103 puntos por encima del precio al que venderá el vencimiento más próximo.

Siendo el último precio del futuro cercano 45,000 puntos, entonces el rolo será, comprar el cercano en 45,000 y vender el lejano en 45,123 o bien vender el cercano en 45,000 y comprar el lejano en 45,103

El comprador del rolo buscará maximizar los puntos y el vendedor buscará que esta diferencia sea mínima.

3.7 Posturas automáticas, robots y HFT:

Uno de los desarrollos recientes en los mercados de valores a nivel mundial ha sido la aparición de sistemas y metodologías automatizadas para el envío de órdenes (posturas) a la bolsa, sin la participación directa de la mano del hombre y atendiendo modelos de operación o trading que pueden tener alta complejidad y sofisticación.

El mercado Mexicano de Derivados no ha sido ajeno a esta tendencia mundial y fundamentalmente el Futuro del IPC es un contrato donde participan diariamente más de un participante que cuenta con estrategias mecanizadas para el envío de órdenes.

Tradicionalmente a estos sistemas se les da el nombre de "robots", y el término HFT o "High Frecuency Trading", se refiere a aquellos robots que envían un enorme número de órdenes al mercado y que cambian de precio, volumen y de lado (compra o venta) en milisegundos, por eso se les llama de Alta velocidad.

Regresando al Futuro del IPC, a diario se ven posturas que entran y salen de las pantallas constantemente y con gran velocidad y que son enviadas por participantes nacionales o extranjeros que han programado sus robots para que actúen en este mercado. La presencia de estos participantes es favorable pues aumenta la liquidez del mercado y favorece la correcta formación de precios, evitando en gran medida que haya oportunidad de manipular el mercado.

Los robots que operan en el Futuro del IPC, en su mayoría lo hacen en el contrato con el vencimiento más próximo.

Afortunadamente la conectividad de los participantes hacia la Bolsa está diseñada a partir de protocolos de comunicación vigentes en otros mercados y por esto es muy sencillo en términos de tecnología que un sistema de operación o trading se "conecte" al Mexder y envíe órdenes con posturas totalmente automatizadas, que pueden recibirse desde cualquier parte del mundo, siempre que el cliente cuente con una cuenta y un contrato abierto.

En México existen plataformas de negociación que permiten vía web conectarse al mercado y enviar directamente órdenes de compra y venta de futuros del IPC, estas plataformas se están volviendo más comunes y se espera que en los próximos años tengan un importante desarrollo.

*"Inversionista que no utiliza los futuros de
índices accionarios, es un aficionado".*
–Joaquín Alducin

4. Usos de los futuros de Indices

Con el propósito de ofrecer al lector un panorama más amplio sobre la utilidad de contar con una herramienta de la naturaleza del futuro del índice, a continuación se exponen algunas ideas respecto a los usos y ventajas de los futuros de índices:

Operaciones de "trading" aprovechando el apalancamiento:

Seguramente la principal razón por la que los futuros del IPC son operados diariamente en el mercado, es porque representan un instrumento de bajo costo de operación, líquido y apalancado al que pueden acceder en forma sencilla los participantes. De toda la gama de productos financieros disponibles en el País, puede ser que el Futuro del IPC sea el instrumento ideal por excelencia para las personas que dedican su día a realizar operaciones de compra y venta con fines de obtener utilidades diarias (day trading). El futuro del IPC es fácil de operar, es líquido, hay profundidad de mercado y por lo mismo cada vez más se suman inversionistas con perfil de "day traders" tal y como sucede en otros mercados y con otros índices.

Para otro tipo de inversionistas que tienen un perfil más enfocado a la administración y construcción de carteras de inversión, en oposición a la especulación diaria, los futuros del IPC proveen de múltiples beneficios. A continuación se describen algunas de las aplicaciones que pueden aprovecharse con el futuro del IPC:

4.1 Arbitraje entre el Futuro del IPC, el Naftrac y los componentes del IPC:

En el mercado algunos especialistas, están constantemente monitoreando el comportamiento de los precios de las acciones que componen el IPC, así como el precio del Naftrac y también el precio del Futuro del IPC. Como es lógico estos activos están íntimamente ligados pues a final de cuentas todos son lo mismo y representan el valor del índice.

Estos inversionistas están viendo en que momento del día pueden comprar todas las acciones del IPC y vender el mismo monto en efectivo de Naftracs, obteniendo una utilidad inmediata, recordando que las acciones se pueden intercambiar por Naftracs en cualquier momento. Del mismo modo y a la inversa, se puede comprar un Naftrac, descomponerlo en acciones y vender una a una cada acción del IPC, obteniendo cuando se da el caso una utilidad.

En el caso del futuro del IPC, este instrumento no es intercambiable por Naftracs, de modo que el ejercicio de cobertura debe de ser más fino y calculado, no obstante siendo que ambos activos representan un IPC, la interrelación es casi perfecta y se pueden hacer arbitrajes interesantes. En un mismo día, se puede comprar Naftracs y vender futuros del IPC, con un diferencial de precios que arroje una utilidad o a la inversa lo que es más difícil, que sería vender Naftracs y comprar futuros (esta operación es más difícil pues se requiere hacer la venta de los Naftracs en "corto"). Con independencia de las dificultades de ejecución, en la fecha de vencimiento del contrato de futuros, este siempre va a coincidir con el IPC y se entiende que el Naftrac va a tener un valor sumamente cercano también al IPC y por eso se puede especular con ambos instrumentos.

4.2 Creación de Portafolios sintéticos, con velocidad, diversificación y bajo costo

Uno de los usos más comunes que tienen los futuros sobre índices, es para la construcción de "portafolios sintéticos" que permiten al inversionista hacer posiciones sobre "el mercado" en forma rápida y minimizando los costos de transacción. Los futuros sobre índices por lo mismo son muy apreciados por inversionistas que gustan de entrar y salir de posiciones con alta frecuencia "market timers" reduciendo sus costos de corretaje.

Un tradicional cartera de inversión compuesta por instrumentos de deuda y acciones, es más difícil de ajustar conforme cambia el sentimiento del inversionista frente al mercado, siendo además mayores los costos de transacción de los cambios o rebalanceos entre deuda y acciones. Con futuros el ajuste es más sencillo y económico, bastará con que el inversionista compre una posición en deuda y mediante futuros adecue en forma sencilla y económica su nivel de exposición a renta variable, manteniendo una exposición total al índice, en lugar de tener que operar la totalidad de las acciones que componen al mismo.

Imagine el lector a un inversionista institucional de gran tamaño o un fondo, que pretende incrementar su nivel de exposición al mercado o incluso que pretende entrar a otro país a invertir. Gracias a los futuros sobre índices, con mínimos costos de transacción y con máxima velocidad este inversionista puede hacer posiciones en el índice del mercado de referencia, cumpliendo con los mayores requerimientos de diversificación, liquidez y ahorro. Una vez posicionado en el índice, podrá construir poco a poco la cartera de acciones que haya seleccionado habiendo hecho eficiente su entrada.

4.3 Utilizando Futuros para cobertura de Portafolios

Un inversionista que está convencido de que ha construido un portafolio de inversión bien seleccionado, diversificado y a buenos precios, podrá enfrentar momentos de incertidumbre, riesgo y alta volatilidad, debido a factores externos que sean independientes de los componentes individuales de su portafolio. Es en estos casos cuando los Futuros sobre Índices se vuelven muy útiles para hacer coberturas, temporales y de corta duración. La cobertura con futuros es una alternativa más eficiente que vender el portafolio y tratar de reconstruirlo posteriormente, además de que es más económico pues se incurre en menores costos de transacción.

Para cubrir un portafolio que tiene un comportamiento similar al del IPC con Beta =1 y desviación estándar muy similar a la del IPC sería acorde a la siguiente metodología:

Sea

P=Valor del Portafolio en dinero

F = Valor de los Futuros Cortos en dinero

Portafolio cubierto (Pc) = Portafolio (P) - Futuros Cortos (F)

Cambio en el Portafolio:

$\Delta\%(Pc)= \Delta\%(Pc)- \Delta\%(Futuros Cortos)$

Dependiendo el valor de los futuros cortos, el inversionista podrá determinar su propio "ratio de cobertura" expresado como

Ratio de Cobertura = H

$$H = \frac{Futuros\ Cortos}{Portafolio} = \frac{f}{p}$$

Donde:

f es el valor monetario de la posición corta en futuros y
p es el valor de la cartera que se está cubriendo

Una cobertura total tendría un valor de H=1.00

Está en manos del administrador de la cartera definir su propio valor de H en términos del porcentaje de cobertura que quiere alcanzar.

Para el caso de que el portafolio que se desea cubrir no sea muy similar al IPC, entonces bastará con determinar la Beta del portafolio y aplicarla a la fórmula anterior para determinar el número óptimo de contratos que se deben de comprar.

De este modo, se define la siguiente relación:

$$N = \beta \frac{p}{F}$$

Donde:

N es el número de contratos que se requiere comprar
F es el valor monetario de un contrato de futuros del IPC
p es el valor del portafolio que se está cubriendo

Para un ejemplo numérico tenemos:

Portafolio: $58,000,000
Beta del portafolio: 1.60
Valor del IPC: 44,500

$$N = entero\left(1.60\, \frac{(58,000,000)}{44,500 \times 10} \right)$$

$$N = 208 \text{ contractos}$$

De igual modo que en el caso anterior, la cobertura total requiere 208 contratos y está en manos del administrador de la cartera decidir su ratio de cobertura deseado.

4.4 Utilizando futuros para incrementar o disminuir la Beta de un portafolio

Los futuros de índices accionarios por su propia naturaleza son instrumentos que tienen las características de que pueden ser apalancados y también de que son simétricos, en el entendido de que pueden comprarse o venderse indistintamente (posibilidad de abrir posiciones cortas)

Un inversionista que desee incrementar la beta (β) de su portafolio podrá comprar futuros sobre índices aumentando la exposición de la cartera hacia la renta variable, sin mayores desembolsos aumentando así la beta de su portafolio.

Considere el siguiente desarrollo como ejemplo de lo anterior:

Existe un portafolio compuesto por Deuda (D) y acciones (E), asumiendo que la beta de la deuda es cero y la beta de las acciones es mayor que uno ($\beta>1$) y que la beta del portafolio también es mayor que uno ($\beta_p>1$) , entonces la beta del portafolio se puede identificar como :

$\beta_p=\beta_d(D/D+E) +\beta_e(E/D+E)$

Donde:
$\beta_p >1$
$\beta_d(D/D+E)=0$

Simplificando:

$$\beta_p = \beta_e(E/D+E)$$

> Para reducir la Beta del portafolio hacia el nivel deseado, entonces se compran futuros sobre índices accionarios ($\beta=1$) y cambiando así la beta de la cartera

Sea β_p objetivo $=1$

$$\beta_{pObj} = \beta_e(E/D+E)+F/(D+E)$$

$$1 = \beta_e(E/D+E)+F/(D+E)$$

$$(D+E) = \beta_e(E)+F$$

$$F=(D+E) = \beta_e(E)$$

El caso genérico:

$$F = \beta_{pObj}(D+E) = \beta_e(E)$$

En un ejemplo numérico donde se pretende que la beta del portafolio sea igual a uno:

Portafolio A

Inversión en Deuda (D)	$1,000,000
Inversión en Acciones (E)	$4,000,000
Beta de las acciones (β_e)	1.10
Beta de las Portafolio (β_p)	0.8800

$$\beta_p = 1.10 \times \left(\frac{\$4,000,000}{\$1,000,000+\$4,000,000} \right)$$

$$\beta_p = 0.88$$

Elevamos la inversión variable mediante la compra de futuros:

$$F=(D+E) \beta_{pObj} + \beta_e(E)$$

$$F=(\$4,000,000+\$1,000,000)-1.10(\$4,000,000)$$

$$F=(\$5.000,000)) \beta_{pObj} + \beta_e (\$4,000,000)$$

$$F= \$600,000$$

$$\beta_{pObj} = \beta_e(E/D+E+F /(D+E)$$

$$\beta_p = 1.10 \times \left(\frac{\$4,000,000}{\$1,000,000+\$4,000,000} \right) \left(\frac{\$4,000,000}{\$1,000,000+\$4,000,000} \right)$$

$$\beta_p = 1.00$$

Futuros para reducir la beta de una cartera o portafolio:

En forma contraria quien desee disminuir la beta del portafolio, podrá vender futuros del índice para conseguir este propósito.

Sea β_p objetivo

$\beta_{pObj}=\beta_e(E/D+E)-F /(D+E)$

$\beta_{pObj} = \beta_e(E/D+E)-F /(D+E)$

$F= \beta_e(E)- (D+E) \beta_{pObj}$

Portafolio B

Inversión en Deuda (D)	$1,000,000
Inversión en Acciones (E)	$4,000,000
Beta de las acciones (β_e)	1.10
Beta de las Portafolio (β_p)	0.8800

Beta del Portafolio Objetivo (β_{pObj}) = 0.50

$F - 1.10 \times (\$4,000,000) - 0.50(\$1,000,000 + \$4,000,000)$

$F = \$4,400,000 + \$2,500,000$

$F = \$1,900,000$

Nueva beta del portafolio:

$$\beta_{pObj} = \beta_e(E/D+E)-F /(D+E)$$

$$\beta_p = 1.10 \times \left(\frac{\$4,000,000}{\$1,000,000+\$4,000,000} \right) \left(\frac{\$1,900,000}{\$1,000,000+\$4,000,000} \right)$$

$$\beta_p = 0.50$$

4.5 Indexación eficiente de bajo costo y generación de "Alpha"

Se dice que un portafolio genera "Alpha" cuando tiene un rendimiento en exceso respecto a su portafolio objetivo o benchmark. En estricto sentido una cartera indizada que contenga los mismos componentes y en los mismos pesos relativos que un índice accionario no generará Alpha pues el rendimiento del portafolio deberá ser idéntico al rendimiento del índice (suponiendo que no hay costos de transacción en este ejercicio).

En condiciones normales y sin cambiar en forma extrema el perfil del riesgo del portafolio compuesto como el índice, no hay forma de generar Alpha. Sólo si el manejador de la cartera realiza operaciones de compra y venta especulativa (trading) con razonable éxito, podrá ser capaz de superar el rendimiento del índice, de caso contrario su desempeño quedará debajo del rendimiento del índice.

Otra alternativa sería que el manejador del portafolio sea tan bueno como lo son inversionistas de la talla de Warren Buffet que a lo largo de los años han podido superar consistentemente al índice contra el cual se miden.

Mediante la utilización de Futuros, es posible generar Alpha, cuando el inversionista construye un portafolio incluyendo la inversión en futuros del índice y liberando recursos líquidos para invertirlos en tasas de interés mayores al premio que se paga por un futuro respecto al nivel del índice spot.

"Tú puedes ser el mayor jugador de póker, jugador de backgamon o handicapper, pero si no puede administrar tu dinero, acabarás quebrado".
–William Pounsdstone,
Fortune's Formula

5. Valuación de los Futuros de Índices Accionarios

El valor teórico de un futuro de un índice accionario, semejante al valor de aquellos otros futuros sobre activos financieros, es un concepto íntimamente ligado al concepto del "valor del dinero en el tiempo", en otras palabras, no valen lo mismo un activo comprado hoy, que un activo que será pagado en el futuro. La diferencia entre ambos valores estará determinada por el "costo del dinero en el tiempo" lo que en ingles reconoce como "cost of carry" y que se ha traducido como "costo de acarreo".

El costo de acarreo aplicado a un activo financiero (acciones, índices accionarios, bono, divisas, etc.) puede entenderse como la erogación que realizará en el futuro un agente que hoy compra un activo mediante financiamiento. Esto dicho de otro modo, podría entenderse como "cuánto cuesta pedir prestado hoy para comprar un activo". De este modo el costo de acarreo no es otra cosa que el costo del financiamiento para la compra de un activo.

Si quiero comprar un activo financiero hoy que tiene un valor de $100 pesos y puedo financiar su compra al 3.00% anual, dentro de un año el costo de acarreo del activo será de $3.00 pesos y por lo tanto es necesario que pueda vender este activo en un valor superior a $103.00 a fin de no tener pérdida en la operación.

Considere ahora el caso de que el activo financiero que se adquiere, como sucede con la mayoría de estos activos, no solo tiene un precio inicial y un precio final, sino que además puede "pagar" a su tenedor algún flujo de efectivo durante el período de tenencia. Esta situación sucede con bonos (pagan intereses), acciones que pagan dividendos, canastas de acciones y trackers entre otros.

Regresando al ejemplo de la compra de un activo en $100 que cuesta 3.00% anual, su costo es de $3.00 al año y su valor futuro de $103.00, pero, siempre y cuando no pague ningún flujo posterior. Si este activo, supongamos que es una acción, paga un dividendo dentro de 6 meses, equivalente a $1.00 pesos por cada $100 invertidos, entonces el costo de acarreo no será de $3.00 sino de $3.00 disminuido por el valor del dividendo.

Considerando esta explicación y llevándola al caso general de un índice accionario, entendiendo este como "una canasta de acciones", el costo de acarreo será entonces, el valor del financiamiento para comprar el activo menos el flujo de efectivo que produce este activo.

De este modo y para terminar esta explicación, el costo del financiamiento de acciones se deberá entender considerando dos elementos (i) el costo del dinero o costo del financiamiento y (ii) el flujo de efectivo que paga o genera el activo (que para acciones e índices se refiere a los dividendos que paga el activo durante el periodo de tenencia y de financiamiento.

Entendiendo el concepto de costo de acarreo menos flujos a recibir, podemos elaborar un modelo de valuación de cualquier futuro y en este caso concreto, el modelo de valuación del futuro de un índice accionario a partir del principio de "no arbitraje".

"La realidad es los mercados financieros son auto desestabilizantes; de vez en cuando tienden hacia el desequilibrio, no equilibrio".
—George Soros

El principio de "no arbitraje" se refiere a la situación de equilibrio que debe existir y existe en los mercados financieros por el cual los precios de los activos están en "equilibrio". Cuando existe una situación de arbitraje, se entiende que un agente económico puede comprar un activo cualquiera en un momento determinado y de forma simultánea venderlo a un precio mayor al que compró generando una utilidad inmediata y libre de riesgo.

En el caso de los futuros sobre índices y sobre acciones, el arbitraje perfecto sería comprar un activo hoy a un precio y venderlo en el futuro a un precio mayor que el de hoy incluyendo el costo financiero incurrido en la compra del activo.

En otras palabras, un arbitraje instantáneo sería compra hoy un activo en $100.00 financiarlo al 3.00% durante un año y vender desde hoy el futuro para entrega dentro de un año en $105.00 Haciendo esta operación el comprador del activo podría tener una utilidad inmediata de $2.00 calculada como la diferencia entre el precio de venta a futuro menos el costo hoy incluyendo el acarreo ($105.00-$103.00).

En el caso de un índice accionario construido con una canasta de acciones que pagan dividendos, el principio de "no arbitraje" se refiere precisamente a que no exista la utilidad inmediata señalada en el ejemplo del párrafo anterior.

Considerare la relación de las siguientes variables para mantener el "principio de no arbitraje": el precio hoy del índice o canasta (P_o) el Precio del Futuro del índice o canasta (P_f) el costo financiero al plazo de tenencia (R_t) y el Dividendo que paguen las acciones de la canasta (D_c).

Bajo el principio de "no arbitraje", el flujo final de comprar el activo, financiarlo, recibir dividendos y venderlo en el futuro deberá ser igual a cero (no hay utilidad extraordinaria), es decir:

$$P_f - P_o(1+R_t) + Dc(1+R_t)^{-t} = 0$$

Arreglando los términos en función del Precio del Futuro tenemos:

$$^{(1)} P_f = P_o(1+R_t) + Dc(1+R_t)^{-t}$$

(1)*Comentario adicional:*
El valor de los dividendos pagados por las acciones de la canasta es aplicado a su valor presente y por eso el término del dividendo se expresa como: $Dc(1+R_t)^{-t}$

Este principio y metodología puede aplicarse al IPC, utilizando todas las acciones que lo componen calculando el costo de acarreo y los dividendos durante el período de tenencia del futuro del IPC hasta su fecha de vencimiento. También puede utilizarse para este cálculo el valor del Naftrac y los dividendos acumulados y por pagar.

La dificultad de este método y cualquier inexactitud es atribuible principalmente al componente de los "dividendos", que en su gran mayoría, se conoce la fecha y el monto del pago por dividendo que será entregado por una empresa. Siempre se está expuesto a anuncios de dividendos que no estaban incorporados en el modelo o dividendos "no esperados", situación que puede producir alguna distorsión en el cálculo

Cuando el precio de mercado no coincide con el precio calculado bajo el principio de "no arbitraje" es recomendable hacer una revisión de las variables de entrada o *inputs* que se están utilizando. No es una buena práctica pensar que el mercado está operando a un precio equivocado, pues puede ser que sea uno el que se está equivocando.

Bajo el principio de "no arbitraje" por lo general el mercado deberá cotizar en una situación de "contango" que se refiere a que el precio del futuro es mayor que el nivel del índice actual. Es no poco frecuente, sin embargo, observar que el futuro del IPC cotiza en niveles muy similares o incluso inferiores que el nivel de contado, esto es una situación conocida como "backwardation" y puede ocasionarse cuando suceden alguno de las causas siguientes; puede ser que el monto por pagar de dividendos de mayor que el valor del dinero en el tiempo llevado al plazo del futuro (D>Rt) o bien que el futuro esté en una situación de sobre oferta o sobre-venta donde hay más vendedores que compradores y por lo mismo estarán dispuestos a vender por debajo del nivel del spot. Normalmente esta situación es característica de las últimas dos semanas de vida de un contrato, pues la mayoría de los participantes empiezan a comprar el contrato con el siguiente vencimiento y hay ausencia de compradores para el vencimiento más cercano.

ANEXO I

ACCIONES QUE COMPONEN LA MUESTRA DEL IPC

Emisora	Serie
AC	*
ALFA	A
ALPEK	A
ALSEA	*
AMX	L
ASUR	B
BIMBO	A
BOLSA	A
CEMEX	CPO
COMERCI	UBC
ELEKTRA	*
FEMSA	UBD
GAP	B
GCARSO	A1
GENTERA	*
GFINBUR	O
GFNORTE	O
GFREGIO	O
GMEXICO	B
GRUMA	B

Emisora	Serie
GFNORTE	O
GFREGIO	O
GMEXICO	B
GRUMA	B
ICA	*
ICH	B
IENOVA	*
KIMBER	A
KOF	L
LAB	B
LALA	B
LIVEPOL	C-1
MEXCHEM	*
OHLMEX	*
PE&OLES	*
PINFRA	*
SANMEX	B
TLEVISA	CPO
WALMEX	*

Fuente: BMV
Junio 2015

ANEXO II

Glosario Financiero para Futuros

Término	Definición
Activo Subyacente	Es aquel bien o índice de referencia, objeto de un Contrato de Futuro o de un contrato de Opción, concertado en la Bolsa. Agente: Intermediario autorizado para responsabilizarse de la ejecución de los procedimientos de ejercicio y liquidación de contratos de futuros y opciones; función que en MexDer es efectuada por los Socios Liquidadores.
Administración de Riesgos	Es el conjunto de objetivos, políticas, procedimientos y acciones que se implementan para identificar, medir, monitorear, limitar, controlar, informar y revelar los distintos tipos de riesgo a que se encuentra expuesta la Casa de Bolsa, así como sus subsidiarias financieras.
Apalancamiento Financiero	Operación con productos derivados, a través de la cual el inversionista busca beneficiarse íntegramente de la

Término	Definición
	totalidad de la apreciación (en los calls) o de la depreciación (en los puts) de los títulos de referencia, con una inversión inferior al precio de mercado de dichos títulos.
Aportación	Al efectivo, valores o cualquier otro bien que aprueben las Autoridades, que deba entregarse a los Liquidadores y, en su caso, a los Operadores, por cada Contrato Abierto, para procurar el cumplimiento de las obligaciones derivadas de los Contratos de Futuro o Contratos de Opción.
Aportación Inicial Mínima (AIM)	Al efectivo que deberá entregar el cliente al liquidador antes de cada operación para respaldarla. Está será definida por la cámara de compensación y su monto será vigilado permanentemente por esa entidad. Asigna. Cámara de compensación.
Arbitraje	Es una operación que permite obtener una utilidad inmediata y libre de riesgo por la compra y venta simultánea de un bien a dos precios distintos.
Backwardation	Se conoce con backwardation aquél mercado en el que el precio del futuro de un bien cotiza por debajo de su precio spot o contado
Base	Es la diferencia que resulta de restar al precio del futuro el precio de mercado de contado del bien subyacente.
Bolsa	Es la sociedad anónima denominada

Término	Definición
	MexDer, Mercado Mexicano de Derivados, S.A. de C.V., misma que tiene por objeto proveer las instalaciones y demás servicios para que se coticen y negocien los Contratos de Futuro y Contratos de Opción.
Cámara de Compensación	Es el fideicomiso identificado como "Asigna Compensación y Liquidación", mismo que tiene por fin compensar y liquidar Contratos de Futuro y Contratos de Opción, así como actuar como contraparte en cada operación que se celebre en la Bolsa.
Canasta Accionaria	Conjunto de acciones de diferentes series y emisoras que constituye una unidad de referencia para la emisión de contratos de derivados.
Casa de Bolsa	A las personas morales autorizadas a actuar como tales en términos de la Ley del Mercado de Valores.
Cierre de posición	Es cuando un inversionista en Futuros realiza una operación en sentido contrario a alguna operación previa
Clase	Son todos los Contratos de Futuro o Contratos de Opción que tienen como objeto o referencia un mismo Activo Subyacente.
Cliente	Son las personas que celebren Contratos de Futuro y Contratos de Opción en la Bolsa, a través de un Liquidador o de un Operador que actúe como comisionista de un Liquidador, y

TÉRMINO	DEFINICIÓN
	cuya contraparte sea la Cámara de Compensación.
Condiciones Generales de Contratación	Es el instrumento en el que se establecen las características estandarizadas de los Contratos de Futuro y Contratos de Opción, y que forma parte de la normativa de la Bolsa.
Contango	Una situación donde el precio de futuros de un bien está por encima el precio spot.
Contrato	Es una operación celebrada en la Bolsa por virtud de la cual un Cliente y la Cámara de Compensación se adhieren a los términos establecidos en las Condiciones Generales de Contratación.
Contrato Abierto	Es aquella operación celebrada en la Bolsa por un Cliente a través de un Liquidador, cuyo plazo de vencimiento no haya expirado o que no haya sido cancelada por el mismo Cliente, mediante la celebración de una operación de naturaleza contraria respecto de la misma Serie a través del mismo Liquidador.
Contratos Futuros	Son acuerdos estandarizados entre dos partes en donde mediante un contrato se establece la obligación para comprar o vender un bien subyacente en un momento determinado en el futuro por un precio determinado.
Contrato de Liquidación	Es el contrato que debe celebrar un Operador con un Liquidador para que

Término	Definición
	éste se obligue a registrar, compensar y liquidar las operaciones celebradas por dicho Operador, y por tal virtud asuma de manera solidaria las obligaciones derivadas de las operaciones celebradas por el Operador en la Bolsa.
Cuenta	Es el conjunto de registros de las Operaciones que la Cámara de Compensación llevará por cada Socio Liquidador, en base al cual se realiza la compensación y liquidación.
Cuenta de Clientes de Operador	Es el registro de las Operaciones que la Cámara de Compensación lleva para el conjunto de Clientes del Socio Liquidador de Posición de Terceros y del Socio Liquidador Integral por lo que se refiere a las Operaciones por Cuenta de Terceros, derivados de la función de comisionista de cada Operador, con excepción de estos últimos, que se llevará en el sistema de compensación y liquidación, con base en el cual se realiza la compensación y liquidación.
Cuenta de Clientes de Participante de un Mercado Extranjero Reconocido	Es el registro de las Operaciones que la Cámara de Compensación lleva para el conjunto de Clientes del Socio Liquidador de Posición de Terceros y Socio Liquidador Integral por lo que se refiere a las Operaciones por Cuenta de Terceros que se deriven de la función de intermediario que eventualmente realice por cada Participante de un Mercado Extranjero Reconocido.

TÉRMINO	DEFINICIÓN
Cuenta de Formador de Mercado	Es el registro de las Operaciones que la Cámara de Compensación lleva por cada uno de los Operadores que actúen como Formadores de Mercado, en términos del reglamento de la Bolsa, que se llevará en el sistema de compensación y liquidación, con base en el cual se realiza la compensación y liquidación.
Cuenta de Operador	Es el registro de las Operaciones que la Cámara de Compensación lleva para cada Operador que opere en posición propia, incluyendo aquellas Operaciones realizadas al amparo de los Términos y Condiciones de Liquidez que establezca la Bolsa.
Cuenta de Participante de un Mercado Extranjero Reconocido	Es el registro de las Operaciones que la Cámara de Compensación lleva para cada Participante de un Mercado Extranjero Reconocido que opere en posición propia, incluyendo aquellas operaciones celebradas conforme a los programas que la Bolsa determine a efecto de otorgar mayor liquidez al Mercado.
Cuenta MexDer	Es el número de cuenta individual que asigna la Bolsa en los términos de su reglamento interior, a solicitud del Socio Liquidador, a cada Cliente, Operador, Participante de un Mercado Extranjero Reconocido o Socio Liquidador para identificar sus Operaciones y, en su caso, una Cuenta MexDer adicional por

	cada Cuenta Global que administren o bien, una Cuenta MexDer administrativa para agrupar órdenes de diferentes Clientes que de acuerdo a la legislación que les resulte aplicable deba concentrar y ejecutar una misma entidad. Los Operadores deberán contar siempre con una Cuenta MexDer. Lo anterior, con independencia de que las Operaciones que correspondan a la Cuenta MexDer se liquiden a través de uno o más Socios Liquidadores. Las Entidades Financieras del Exterior y los Participantes de un Mercado Extranjero Reconocido, podrán tener una Cuenta MexDer para las operaciones propias y otra para las operaciones provenientes de cuentas con características iguales, análogas o semejantes a las Cuentas Globales que lleven.
Cuenta Propia	Es el registro de las Operaciones que la Cámara de Compensación lleva de la institución de banca múltiple o casa de bolsa fiduciaria y fideicomitentes de un Socio Liquidador de Posición Propia o un Socio Liquidador Integral, así como de aquellas Operaciones que se realicen por cuenta de las demás entidades financieras que formen parte del grupo financiero al que pertenezca la institución de banca múltiple o casa de bolsa, o aquellas que efectúen las personas físicas o personas morales que constituyan un Socio Liquidador que no

Término	Definición
	sea entidad financiera, en base al cual se realiza la compensación y liquidación, incluyendo aquellas Operaciones realizadas al amparo de los Términos y Condiciones de Liquidez que establezca la Bolsa.
Cuenta de Terceros	Es el registro de las Operaciones que la Cámara de Compensación lleva para todas aquéllas que sean distintas a las Operaciones por Cuenta Propia.
Día hábil	A los días que sean hábiles bursátiles en los Estados Unidos Mexicanos, así como en la o las plazas en las que se realice la liquidación de la operación.
Divisas	A los dólares de los Estados Unidos de América, así como a cualquier otra moneda extranjera libremente transferible y convertible de inmediato a la moneda citada.
Excedentes de Aportación Inicial Mínima (EAIM)	Al efectivo o valores solicitado por los Liquidadores, adicionalmente a la Aportación Inicial Mínima.
Fecha de Liquidación	Es el Día Hábil en que son exigibles las prestaciones derivadas de un Contrato conforme a las Condiciones Generales de Contratación.
Fecha de Vencimiento	Es el Día Hábil en que expira el plazo de un Contrato conforme a las Condiciones Generales de Contratación.
Fecha ejercicio	Al día o días en los cuales el comprador de la opción se encuentra facultado a ejercer su derecho. La "Fecha de

Término	Definición
	Ejercicio" podrá ser una fecha específica o una serie de días hábiles bursátiles consecutivos o separados.
Fondo de Aportaciones	Es el fondo constituido en la Cámara de Compensación con las Aportaciones Iniciales Mínimas entregadas por los Socios Liquidadores por cada Contrato Abierto.
Fondo de Compensación	Al fondo constituido en la Cámara de Compensación con recursos adicionales a las Aportaciones Iniciales Mínimas que la propia Cámara de Compensación solicite a los Socios Liquidadores, por el equivalente al diez por ciento de las citadas Aportaciones Iniciales Mínimas, así como cualquier otra cantidad que les requiera para este fondo.
Forma de Liquidación	Los Contratos serán liquidados en efectivo o en especie. La liquidación en efectivo se calculará a partir de las diferencias existentes en el precio pactado y el precio de liquidación final. La liquidación en especie se realizará mediante la entrega física del Activo Subyacente.
Índice Bursátil	Es un indicador de la evolución del mercado en función del comportamiento de las cotizaciones de los títulos representativos del mercado o de un sector
Índice de Precios y Cotizaciones	Principal indicador del mercado accionario mexicano que publica la Bolsa Mexicana de Valores

Término	Definición
Intermediario	Institución de Crédito o Casa de Bolsa que obtengan autorizado por escrito del Banco de México para actuar con tal carácter en los mercados de productos financieros derivados.
Interés Abierto	Número total de contratos de Futuros que no han sido cerrados
Límite a las Posiciones	Es el número máximo de Contratos Abiertos de una misma Clase que podrá tener un Cliente al cierre de la sesión de negociaciones.
Liquidación Diaria	A las sumas de dinero que deban solicitarse, recibirse y entregarse diariamente, según corresponda, y que resulten de la valuación diaria que realice la Cámara de Compensación respecto de las operaciones con Contratos de Derivados en las que actúe como contraparte, por las variaciones en el Precio de Cierre de cada Contrato Abierto con respecto al Precio de Cierre del Día Hábil inmediato anterior o, en su caso, con respecto al precio de concertación.
Liquidación al Vencimiento	Al efectivo o activo que entrega la Cámara de Compensación por concepto de vencimiento de contrato de opción o futuro.
Liquidación en Especie	Al activo o bien en cuestión que entrega la Cámara de Compensación por concepto de vencimiento de contrato de opción o futuro.

TÉRMINO	DEFINICIÓN
Liquidación en Efectivo	Al efectivo que entrega la Cámara de Compensación por concepto de vencimiento de contrato de opción o futuro.
Llamada de margen	Es la solicitud que se hace al inversionista en futuros para que aporte recursos líquidos cuando ha disminuido el nivel de AIM o EAIM respecto al que fue previamente establecido por el Socio Liquidador.
NAFTRAC	Son certificados de participación que representan el patrimonio de un fideicomiso de inversión en acciones cuyo objetivo primordial es replicar el comportamiento del Índice de Precios y Cotizaciones de la BMV.
Operaciones por Cuenta Propia	A las que liquiden y, en su caso, celebren los Socios Liquidadores por cuenta de la institución de banca múltiple o casa de bolsa que actúe como fiduciaria y fideicomitente, así como aquellas operaciones que se realicen por cuenta de las demás entidades financieras que formen parte del grupo financiero al que pertenezca la institución de banca múltiple o casa de bolsa en los términos de las Reglas, así como aquellas que efectúen las personas físicas o personas morales que constituyan un Socio Liquidador que no sea entidad financiera, y las que celebren los Operadores como Clientes de un Socio Liquidador.

Término	Definición
Operaciones por Cuenta de Terceros	A las que liquiden, y en su caso, celebren los Socios Liquidadores por cuenta de personas distintas a la institución de banca múltiple y/o casa de bolsa que actúe como fiduciaria y fideicomitente y de las demás entidades financieras que formen parte del grupo financiero al que pertenezca la institución de banca múltiple o casa de bolsa en los términos de las Reglas, así como las que celebren los Operadores actuando como comisionistas de un Socio Liquidador o las provenientes de Cuentas Globales.
Operador	A las instituciones de crédito, casas de bolsa y demás personas físicas y morales que pueden o no ser socios de la Bolsa, cuya función sea actuar como comisionista de uno o más Socios Liquidadores y, en su caso, como Administradores de Cuentas Globales, en la celebración de Contratos de Derivados, y que pueden tener acceso al sistema electrónico de negociación de la Bolsa. Asimismo, las entidades financieras y personas referidas en el párrafo anterior, en su carácter de Operadores, podrán realizar el registro y transmisión de órdenes respecto de Contratos de Derivados listados en bolsas de derivados de Mercados de Derivados del Exterior Reconocidos, siempre y cuando la Bolsa haya celebrado un

Término	Definición
	Acuerdo.
	Cuando los Operadores celebren Contratos de Derivados por cuenta propia, actuarán como Clientes.
Orden	Son las instrucciones de compra o de venta de una Clase y Serie determinada, giradas por parte de un Cliente o del propio Miembro.
Posición Corta	Es el número de Contratos pertenecientes a una misma Serie respecto de los cuales un Cliente actúa como vendedor.
Posición Larga	Es el número de Contratos pertenecientes a una misma Serie respecto de los cuales un Cliente actúa como comprador.
Posición(es) Límite(s)	Es el número máximo de Contratos Abiertos de una misma Clase o Serie que podrá tener un Cliente.
Posición Opuesta	Es la posición que se integra con un número de Contratos en Posición Larga y con igual número de Contratos en Posición Corta, cuando ambas Series son distintas y de una misma Clase. Las Posiciones Opuestas se formarán sucesivamente con los Contratos de Futuro pertenecientes a las Series cuyas Fechas de Vencimiento sean las más próximas.
Precio Futuro	Es el precio por unidad de Activo Subyacente acordado en un Contrato de Futuro en la Fecha de Celebración. Este

Término	Definición
	se ajustará diariamente para efecto de reflejar las pérdidas y ganancias que las partes se hayan liquidado en forma diaria.
Precio de Liquidación Diaria	Es el precio de referencia por unidad de Activo Subyacente que la Bolsa da a conocer a la Cámara de Compensación para efectos de cálculo de las Aportaciones iniciales mínimas, fondo de compensación y, en su caso, la liquidación diaria de pérdidas y ganancias de los Contratos de Futuro y/o Contratos de Opción.
Precio de Liquidación al Vencimiento	Es el precio de referencia que da a conocer la Bolsa y con base en el cual la Cámara de Compensación realiza la liquidación de los Contratos de Futuro y/o Contratos de Opción en la Fecha de Liquidación. El Precio de Liquidación al Vencimiento se determina por unidad de Activo Subyacente.
Productos Derivados	Familia o conjunto de instrumentos financieros, cuya principal característica es que están vinculados a un valor subyacente o de referencia. Los principales productos derivados son los futuros, las opciones, los warrants, las opciones sobre futuros y los swaps.
Puja	La variación mínima permitida en el movimiento del precio de una Serie de Contratos de Futuro o Contratos de Opción.
Riesgo	Se produce cuando no hay una Cámara

Término	Definición
Contraparte	de Compensación que actúe como contraparte de todas las posiciones.
Riesgo Crédito	Conocido también como riesgo de incumplimiento y se refiere al incumplimiento de la obligación adquirida con el comprador de un contrato de opción.
Riesgo de Mercado	Es el que afecta al tenedor de cualquier tipo de valor, ante las fluctuaciones de precio ocasionadas por los movimientos normales del mercado.
Rollover	Es la operación en la que se vende un contrato de futuro de vencimiento cercano por otro de vencimiento más lejano
Saldo de Liquidación al Vencimiento	Es la cantidad que resulte de multiplicar el Precio de Liquidación al Vencimiento por el número de unidades de Activo Subyacente que ampare un Contrato
Serie	Tratándose de Contratos de Futuro, son todos los Contratos pertenecientes a una misma Clase con igual Fecha de Vencimiento y procedimiento de liquidación. Tratándose de Contratos de Opción, son los Contratos pertenecientes a una misma Clase con igual Precio de Ejercicio, Estilo, Fecha de Vencimiento y procedimiento de liquidación.
Socio Liquidador	Al fideicomiso constituido por cualquier persona física o moral, a través de alguna institución de banca múltiple o

Término	Definición
	casa de bolsa, en su carácter de fiduciarias, que tiene como finalidad liquidar y, en su caso, celebrar por Cuenta Propia, Cuenta de Terceros o por cuenta de ambos, Contratos de Derivados, así como transmitir por Cuenta Propia, por cuenta de sus Clientes o por cuenta de ambos, órdenes para la celebración de Contratos de Derivados listados en bolsas de derivados de Mercados de Derivados del Exterior Reconocidos, siempre y cuando la Bolsa haya celebrado algún Acuerdo.
Socio Liquidador Integral	Es el Socio Liquidador que tenga la finalidad de compensar, liquidar y, en su caso, celebrar Operaciones por Cuenta Propia y Operaciones por Cuenta de Terceros.
Patrimonio Mínimo	Es el fondo que los Fideicomitentes Patrimoniales y los Socios Liquidadores que participen en él, deben mantener constituido en el fideicomiso que tiene como fin el establecimiento de la Cámara de Compensación, cuyo monto en ningún momento deberá ser menor al establecido por las Autoridades.
Unidad de Cotizaciones	Valor que establece la relación entre el Activo Subyacente y el precio, tasa o indicador al que se negocian lo Contratos.
Valuación Diaria a Precio de	Práctica de acreditar o disminuir la cuenta de margen de los agentes,

TÉRMINO	DEFINICIÓN
Mercado (Mark to market)	debido a los movimientos diarios en el precio de cierre del subyacente del futuro.
Vendedor(es)	En un Contrato de Futuro, es la parte que se obliga a entregar a la contraparte en la Fecha de Liquidación el Saldo de Liquidación al Vencimiento.
Volatilidad	Grado de fluctuación que manifiesta el precio del subyacente a través del tiempo.

BIBLIOGRAFIA

1. De Lara Haro, Alfonso, "Productos financieros derivados: instrumentos, valuación y cobertura de riesgos", Limusa, México 2005, ISBN:968-18-6633-9

2. De Lara Haro, Alfonso, "Medición y Control de Riesgos Financieros", segunda edición, Limusa, México 2002, ISBN:968-18-6327-5

3. Díaz Tinoco Jaime y Hernández Trillo Fausto, "Futuros y Opciones Financieras, una Introducción", Limusa, Tercera Edición, 2000, ISBN 968-18-6038-1

4. Edwin J. Elton, Martin J. Gruber, Stephen J. Brown, William N. Goetzmann, "Modern Portfolio Theory and Investment Analysis", Fourth Edition, Wiley, 1991 ISBN-10: 1118469941

5. Hull John, "Options, Futures, and other Derivatives", Seventh Edition, Pearson Prentice Hall; 1997, ISBN 978-0-13-601586-4

6. Sharpe William, Alexander Gordon J., Bailey Jeffrey W , "Investments", Prentice Hall; 6 edition, 1998, ISBN-13: 978-0130101303

7. Zvi Bodie, Alex Kane, Alan Marcus, "Investments", McGraw-Hill International Editions, 1999 ISBN-0-256-24626-2

Referencias adicionales para el lector:

www.asigna.com.mx
www.bmv.com.mx
www.mexder.com.mx